Diwrnod Marchnad

Heather Amery

Darluniwyd gan Stephen Cartwright

Addasiad Emily Huws

Chwiliwch am yr hwyaden fach felen sydd ar bob tudalen.

Dyma fferm Cae Berllan.

Mari Morgan sy'n ffermio yma. Mae ganddi ddau
o blant – Cadi a Jac. Gwalch ydi enw'r ci.

Heddiw mae'n ddiwrnod marchnad.

Mae Mari Morgan yn rhoi'r trelar ar y car.
Mae Cadi a Jac yn rhoi cawell yn y trelar.

I ffwrdd â nhw i'r farchnad.

Mae Mari Morgan, Cadi a Jac yn cerdded heibio gwartheg, defaid a moch. Maen nhw'n mynd i'r sied lle mae cewyll yn llawn adar.

Mae gwahanol fathau o wyddau yma.

'Dowch inni edrych ym mhob cawell,' meddai Mari
Morgan. 'Dwi'n chwilio am bedair gŵydd ifanc, ddel.'

'Dyna bedair gŵydd wen, dda.'

'Maen nhw'n edrych yn glên,' meddai Cadi.
'Ydyn. Yn union be dwi isio,' meddai Mari Morgan.

Gwraig sy'n gwerthu'r gwyddau.

'Faint ydi'r bedair wen, os gwelwch yn dda?' gofynnodd
Mari Morgan. Mae hi'n talu amdanyn nhw.

Mi ddown ni'n ôl cyn bo hir.'

'Dowch i weld yr adar eraill,' meddai Jac. Mae yno
ieir a chywion, hwyaid a cholomennod mewn cewyll.

'Druan o'r hwyaden fach yna.'

'Mae hi'n unig,' meddai Cadi. 'Ga i ei phrynu hi?
Mae gen i arian. Ga i?'

'Iawn. Gei di ei phrynu hi.'

'Mi ddown ni i'w nôl hi wrth nôl y gwyddau,' meddai
Mari Morgan. Mae Cadi yn talu i'r dyn am yr hwyaden.

Mae Mari Morgan yn dod â'r cawell.

Mae Cadi yn codi'r caead a'r wraig yn rhoi'r
gwyddau i Mari Morgan i'w rhoi yn y cawell.

Ond dyna un ŵydd yn dianc.

Mae gŵydd yn neidio allan o'r cawell cyn i Jac
gau'r caead. Allan o'r sied â hi ar wib.

'Daliwch yr ŵydd 'na!'

Mae Mari Morgan, Cadi a Jac yn rhedeg ar ôl yr
ŵydd. Mae'r ŵydd yn neidio drwy ddrws agored car.

'Mi ddaliwn ni hi rŵan!' meddai Jac.

Ond mae gwraig yn agor y drws ar yr ochr arall.
Mae'r ŵydd yn neidio allan o'r car ac yn dianc.

'Ar ei hôl hi!' meddai Mari Morgan.

Mae'r ŵydd yn rhedeg i'r babell blanhigion.
'Dyma hi,' meddai Jac gan gydio ynddi.

'Dowch adref wir!' meddai Mari Morgan.

'Mi ges i fy ngwyddau.' 'Ac mi ges i fy hwyaden,' meddai Cadi. 'Ac mi ges i sbort a sbri yn y farchnad!' meddai Jac.

Cynllun y clawr: Hannah Ahmed   Gwaith digidol: Sarah Cronin
Cyhoeddwyd gyntaf gan Usborne Publishing Ltd., 83–85 Saffron Hill, Llundain EC1N 8RT. Hawlfraint © Usborne Publishing Cyf., 1989, 2004 www.usborne.com
Cyhoeddwyd gan Wasg Gomer, Llandysul, Ceredigion SA44 4JL yn 2010 www.gomer.co.uk Teitl gwreiddiol: *Market Day*